国家出版基金项目
NATIONAL PUBLICATION FOUNDATION

记住乡愁

——留给孩子们的中国民俗文化

刘魁立◎主编

传统节日辑（一）

本辑主编 刘晓峰

重阳节

杜尚侠◎编著

黑龙江少年儿童出版社

编委会

序

　　亲爱的小读者们，身为中国人，你们了解中华民族的民俗文化吗？如果有所了解的话，你们又了解多少呢？

　　或许，你们认为熟知那些过去的事情是大人们的事，我们小孩儿不容易弄懂，也没必要弄懂那些事情。

　　其实，传统民俗文化的内涵极为丰富，它既不神秘也不深奥，与每个人的关系十分密切，它随时随地围绕在我们身边，贯穿于整个人生的每一天。

　　中华民族有很多传统节日，每逢节日都有一些传统民俗文化活动，比如端午节吃粽子，听大人们讲屈原为国为民愤投汨罗江的故事；八月中秋望着圆圆的明月，遐想嫦娥奔月、吴刚伐桂的传说，等等。

　　我国是一个统一的多民族国家，有 56 个民族，每个民族都有丰富多彩的文化和风俗习惯，这些不同民族的民俗文化共同构筑了中国民俗文化。或许你们听说过藏族长篇史诗《格萨尔王传》

中格萨尔王的英雄气概、蒙古族智慧的化身——巴拉根仓的机智与诙谐、维吾尔族世界闻名的智者——阿凡提的睿智与幽默、壮族歌仙刘三姐的聪慧机敏与歌如泉涌……如果这些你们都有所了解，那就说明你们已经走进了中华民族传统民俗文化的王国。

你们也许看过京剧、木偶戏、皮影戏，看过踩高跷、耍龙灯，欣赏过威风锣鼓，这些都是我们中华民族为世界贡献的艺术珍品。你们或许也欣赏过中国古琴演奏，那是中华文化中的瑰宝。1977年9月5日美国发射的"旅行者1号"探测器上所载的向外太空传达人类声音的金光盘上面，就录制了我国古琴大师管平湖演奏的中国古琴名曲——《流水》。

北京天安门东西两侧设有太庙和社稷坛，那是旧时皇帝举行仪式祭祀祖先和祭祀谷神及土地的地方。另外，在北京城的南北东西四个方位建有天坛、地坛、日坛和月坛，这些地方曾经是皇帝率领百官祭拜天、地、日、月的神圣场所。这些仪式活动说明，我们中国人自古就认为自己是自然的组成部分，因而崇信自然、融入自然，与自然和谐相处。

如今民间仍保存的奉祀关公和妈祖的习俗，则体现了中国人崇尚仁义礼智信、进行自我道德教育的意愿，表达了祈望平安顺达和扶危救困的诉求。

小读者们，你们养过蚕宝宝吗？原产于中国的蚕，真称得上伟大的小生物。蚕宝宝的一生从芝麻粒儿大小的蚕卵算起，中间经历蚁蚕、蚕宝宝、结茧吐丝等过程，到破茧成蛾结束，总共四十余天，却能为我们贡献约一千米长的蚕丝。我国历史悠久的养蚕、丝绸织绣技术自西汉"丝绸之路"诞生那天起就成为东方文明的传播者和象征，为促进人类文明的发展做出了不可磨灭的贡献！

小读者们，你们到过烧造瓷器的窑口，见过工匠师傅们拉坯、上釉、烧窑吗？中国是瓷器的故乡，我们的陶瓷技艺同样为人类文明的发展做出了巨大贡献！中国的英文国名"China"，就是由英文"china"（瓷器）一词转义而来的。

中国的历法、二十四节气、珠算、中医知识体系，都是中华民族传统文化宝库中的珍品。

让我们深感骄傲的中国传统民俗文化博大精深、丰富多彩，课本中的内容是难以囊括的。每向这个领域多迈进一步，你们对历史的认知、对人生的感悟、对生活的热爱与奋斗就会更进一分。

作为中国人，无论你身在何处，那与生俱来的充满民族文化DNA 的血液将伴随你的一生，乡音难改，乡情难忘，乡愁恒久。这是你的根，这是你的魂，这种民族文化的传统体现在你身上，是你身份的标识，也是我们作为中国人彼此认同的依据，它作为一种凝聚的力量，把我们整个中华民族大家庭紧紧地联系在一起。

《记住乡愁——留给孩子们的中国民俗文化》丛书，为小读者们全面介绍了传统民俗文化的丰富内容：包括民间史诗传说故事、传统民间节日、民间信仰、礼仪习俗、民间游戏、中国古代建筑技艺、民间手工艺……

各辑的主编、各册的作者，都是相关领域的专家。他们以适合儿童的文笔，选配大量图片，简约精当地介绍每一个专题，希望小读者们读来兴趣盎然、收获颇丰。

在你们阅读的过程中，也许你们的长辈会向你们说起他们曾经的往事，讲讲他们的"乡愁"。那时，你们也许会觉得生活充满了意趣。希望这套丛书能使你们更加珍爱中国的传统民俗文化，让你们为生为中国人而自豪，长大后为中华民族的伟大复兴做出自己的贡献！

亲爱的小读者们，祝你们健康快乐！

二〇一七年十二月

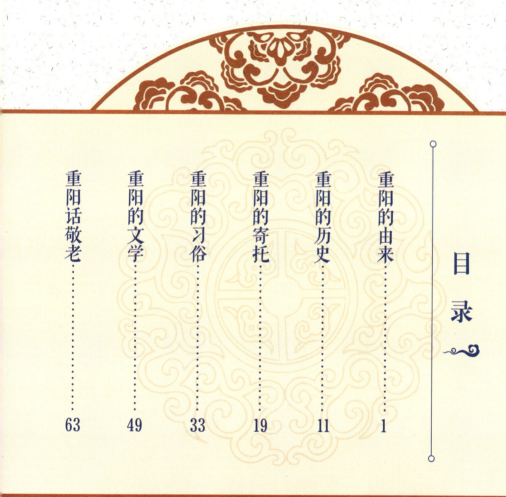

目 录

重阳的由来

| 重阳的由来 |

中国古代的传统节日，大多与节令、物候有关，最初是与农业生产密不可分的，后来又逐渐加入了丰富的人文内涵，重阳节就是其中之一。

那么，"重阳"到底有着怎样的含义？它是何时产生的？其中包含着人们怎样的精神寄托呢？

重阳的含义

要明白重阳的含义，必须要先弄清楚什么叫阴阳。按字义解释，阴的意思是暗，阳的意思是明。所以日称为"太阳"，月称为"太阴"。日出则暖，引申为暖和之气，为阳气。向日才能见阳光，

"阳"字又引申为正面、表面或南方的意思；背日之地就暗，"阴"字引申为背里、里面或者北方的意思。正背、表里、南北、刚柔、动静等都是互相对等的，阴阳说是古代中国人民创造的一种哲学思想。这种哲学思想在《易经》中，包括对立统一、一分为二的辩证法。

既然世间万物都分为阴阳两类，那么数字也不例外。

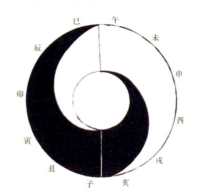

| 明人来知德《易经来注图解》之《一日气象图》|

具体来说就是单数为阳，偶数为阴，则"九"是阳数的最大数，两九相重称为"重九"；农历九月初九是两个阳数相重，故称"重阳"。

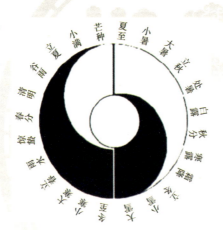

重阳到底是吉还是凶呢？历来存在着两种不同的观点。

一种观点认为重阳为吉，也就是说重阳节是佳节。这主要是因为"九九"与汉语中的"久久"同音，有长久平安的意思，这一说法受到人们的推崇。魏文帝曹丕在《九日与钟繇书》中认为农历九月初九之所以是嘉（佳）名，就是因为"宜于长久"。为了让好友钟繇"健康长寿"，他特意奉上一束菊花，用来帮助他学习彭祖长寿的方法。传说彭祖是五帝之一颛顼的孙子，彭祖从夏朝活到了商末，寿年八百岁。彭祖在民间是长寿的象征，值此重阳佳节之际，曹丕才祝福好友长寿。

另一种观点认为重阳为凶，重阳节是避灾节。主要有以下三种说法：

一、古人认为九为灾数；二、术数家认为奇数为阳，而天为阳，所以天灾降于奇数之年；三、有人认为中国古代岁时节日的内部结构存在着对应或对称的原则。

上述三种说法都认为阳九是灾数，一九都是凶，重九则是凶上加凶，人们自然要避凶趋吉，于是便有了重阳节。

重阳的溯源

关于重阳节的起源，有许多种不同的说法：

先秦说　当代学者中有一部分人认为重阳的源头可以追溯到先秦之前。持这种观点的人一般都是以屈原《远游》中的"集重阳入帝宫兮，造旬始而观清都"两句诗作为依据，但古今许多学者都认为《远游》并不是屈原的作品，而是西汉甚至东汉人的伪作。所以，先秦说只能算是一种假说而已。

西汉说　根据《西京杂记》上的记载，西汉初年，宫中已有农历九月初九佩茱萸、食蓬饵、饮菊花酒的习俗。其文如下：

戚夫人侍儿贾佩兰，后出为扶风人段儒妻，说在宫内时……九月九日佩茱萸、食蓬饵、饮菊花酒，令人长寿。

东晋干宝的《搜神记》

《白衣送酒图》

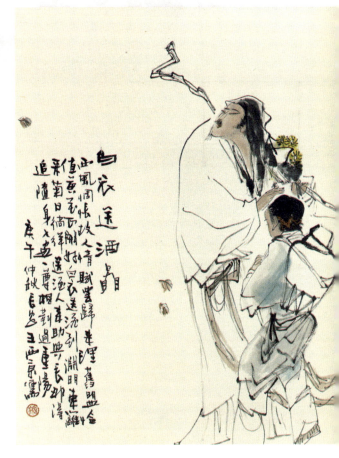

5

卷二中也有相关的记载。这两则记叙都是笔记体小说，不足以证明西汉初年就已经出现了重阳节。

东汉说　关于重阳节起源于东汉的记载有很多。最早的记载当属《四民月令》中的"九月九日可采菊花"一句。此书的作者崔寔是东汉时期的人，书中明确地告诉我们，东汉时期农历九月初九有采菊花的习俗，说明当时重阳节已经出现了。当然，最准确、最详尽的记述当属东汉末年三国时期曹丕的《九日与钟繇书》。在这封书信中不仅明确提出了"九月九日""俗嘉其名"，而且还提及了"享宴高会"的活动。可见，东汉末年已经有了过重阳节的习俗。

至于重阳节的发源地，文献中没有记载。近年来有专家认为重阳节起源于今天河南省的上蔡县。其根据是《水经注·汝水》中曾有记载：汉高祖四年（公元前203年）置汝南郡，辖豫东南三十七县的大片土地，治所在今上蔡故城岗山，称芦岗。因此，人们都认为西汉时期的汝南就是今天的上蔡。国家邮政局于2003年10月4日，专门发行了一套名叫《重阳节》的特种邮票，这套邮票的首发式特意选择在上蔡县举行。中国民间文艺家协会于2005年12月授予上蔡县"中国重阳文化之乡"的称号。

重阳的传说

关于重阳节的传说，大多数都以《续齐谐记》的故事梗概为蓝本，再由民间艺人进行加工并加以演绎。其中《桓景学道斩瘟魔》讲的就是与重阳节有关的故事。

相传很久以前，汝南有个叫桓景的人，他和家人守着几亩薄地，日子也还算过得去。谁知天有不测风云，人有旦夕祸福。有一年，汝河两岸忽然暴发了一场瘟疫，没过多久就死了许多人，郊外尸横遍野。桓景的父母也在这场瘟疫中亡故了。桓景小时候曾听大人说过：汝南河里住了一个瘟魔，每年都要出来到人间作恶，瘟魔走到哪里，就会把瘟疫带到哪里。人们恨透了这个瘟魔，可又惧怕这个瘟魔。

桓景决心访仙求道学习法术，战胜瘟魔，为民除害。他打听到东南山中住着一位名叫费长房的仙人，法术极为高强。桓景就收拾行装，起程进山，去寻找这位仙人。他日夜兼程，翻山越岭，跋水涉河，终于在苍松翠柏深处看见一座巍峨的古庙，庙门的横匾上写着"费长房仙

| 国家邮政局 2003 年 10 月 4 日发行的邮票《重阳节》|

7

居"五个金字。桓景来到庙门前，只见黑漆漆的大门紧闭着。没有得到允许，他不敢擅自闯入，只能虔诚地跪在门外，不吃不喝地一直跪了两天两夜。到了第三天，大门忽然开了，一位皓首白眉、银须飘飘的老人收留了桓景。这位老人就是费长房。

费长房给了桓景一把降妖青龙剑，让他自行修习降妖的法门。桓景早起晚睡，一晃一年过去了。到了来年九月初的一天，桓景正在舞

剑，费长房走过来对他说："今年的九月九日，汝河瘟魔又要出来害人，你赶紧回乡为民除害。我给你茱萸叶子一包，菊花酒一瓶，快让你家乡的父老离开村子，到高处去避祸。"仙翁说罢，用手一招，古柏上的仙鹤展翅飞来，落在桓景面前。桓景跨上仙鹤回到了汝南。

回到汝南后，桓景立即召集众乡亲，把费长房仙人说的话告诉大家。到了正月九月初九那天，他带着妻子

| 桓景剑刺
瘟魔 |

8

儿女和众乡亲，登上了附近的一座山，分给每人一片茱萸叶子，说只要把茱萸插在身上，瘟魔就不敢近身，然后又把菊花酒倒出来，让每人呷了一口，说这样可以避瘟毒。他把乡亲们安置妥当以后，就带上降妖青龙剑返回村东头的家中，静待瘟魔来临。

不一会儿，只听得汝河方向传来一声怒吼，妖风突起，瘟魔跳出了河面，奔入村庄，在各家各户乱窜，却不见人影，抬头一看，见人们都在山上欢聚。瘟魔就窜到山上，只觉得酒气刺鼻，茱萸的异香让他不敢靠近。于是瘟魔又转身回村，只见村东一间屋里有一人端坐着不动，就张牙舞爪地向他扑去。桓景见瘟魔扑了过来，

|《菊花图》（作者：清·虚谷）|

挺身持剑相迎。打斗了几个回合，瘟魔体力不支，转身就跑。桓景"嗖"的一声射出宝剑，把瘟魔刺死了。从此以后，汝河两岸的百姓再也不受瘟疫的侵袭了。后来，每逢农历九月初九，人们就纷纷带上菊花酒，臂插茱萸，外出登山。久而久之，就成为一种习俗，一直流传到现在。

重阳的历史

| 重阳的历史 |

形成期——东汉时期

东汉末年是一个社会大动荡的时期，人们的生命财产安全得不到保障，对生命短暂的恐惧感使得具有祛除灾患作用的重阳节越来越受到重视。人们希望可以通过茱萸和菊花让自身远离灾患，让生命得以延续，可见在重阳节的习俗中仍有迷信禁忌的成分。另一方面，社会的变动又削弱了汉代以谶纬迷信为主要特征的思想对人们精神的束缚，此时的人们更加注重对自我生命的审视，更加看重现世生活的享受和人伦亲情的抒发，所以这个时期的重阳节是一个禁忌和欢乐并存的节日。另外，虽然战乱频繁，但社会生产力却仍然在不断进步，节日中的祈福、娱乐因素逐渐增多，并渐渐占据主流。节日规模不断扩大，活动内容也日渐丰富，重阳节在人们生活中的地位越来越重要，重阳习俗完全形成。这个时期有别于后世习俗的，主要有以下两个方面：

1. 妇女假日

从晋代开始，江南的一些地方过重阳节时会给妇女放假一日。为什么会放假一日呢？东晋的干宝在《搜神记》卷五中是这样解释的：

（译文）

淮南全椒县（今属安徽）有个姓丁的新媳妇，原本是丹阳人，十六岁时嫁到了谢家。她的婆婆非常严厉苛刻，役使她劳作时要规定一定的工作量，如果达不到要求，便用鞭子抽打她。她不堪忍受这种折磨，于农历九月初九那天自杀了。她死后经常显灵，并且让巫师替她发话，说："老百姓家的妇女整天地干活儿，没有休息的时间，让她们在农历九月初九这天休息，不必做事。"……人们都叫她丁姑。农历九月初九也因此成了妇女们的休息日，并且人们为丁姑立了祠堂。

于是江南地区就将重阳节定为妇女的休息日，并为丁氏立祠祭祀，称为"丁氏祠"。

2. 重阳骑射

南北朝时期战争频繁，秋季正是粮食丰收的季节，此时南北方容易因抢夺粮食而发生战争，所以才出现了重阳骑射的习俗。

南朝梁朝时的萧子显在《南齐书·礼志上》中记载："九月九日马射……宋武为宋公，在彭城，九日出项羽戏马台，至今相承，以为旧准。"南朝梁朝时的刘苞在《九日侍宴乐游苑正阳堂》中诗云："六郡良家子，幽并游侠儿。立乘争饮羽，倒骑竞纷驰。"可见，在南

| 儿童骑竹马
（宋代瓷枕）|

朝的重阳宴上还举行青少年骑马的竞技赛，北方人素有骑射的传统，因此重阳的骑射活动规模盛大。

鼎盛期——唐宋时期

隋唐时期是我国的第二次大一统时期，唐代国力的强盛和经济的繁荣为节日游乐提供了坚实的经济后盾，人们的心态渐渐变得放松、乐观起来。从此，重阳节真正从迷信禁忌中解放出来，变成了纯粹的玩赏游乐的节日。

唐代中叶，官方布告民间重阳节为"三令节"（中和节、上巳节、重阳节）之一，将重阳节设为法定假日，文武百官休假一日。民间过节时会以青囊盛百谷果实，互相赠送。除此之外，朝廷还为官员集体游乐提供经费，

可见当时人们对重阳节的重视。

唐代民间以重九郊游野宴为主。孙思邈在《千金月令》中说："重阳之日，必以肴酒登高远眺，为时宴之游赏，以畅秋志。"游遍祖国名山大川的李白更是喜爱"水绿秋山明"的大好风景。他在《九日》诗中自述说，九日携壶登高，举杯独酌流霞，欢颜独笑，最后"落帽醉山月"，醉倒在登高游宴的途中。

唐代都城长安过重阳节的时候，上自皇帝百官，下至平民百姓，都喜欢去曲江池被禊（fú xì）。被禊是古代的习俗，即为除灾去邪而举办的一种仪式。曲江池位于陕西省西安市东南5千米处的低凹地带，是隋朝的宇

| 《清院本十二月令图轴》之《九月图》 |

文凯修建大兴城时人工挖掘而成。唐代时，此地宫殿连绵，楼阁起伏，自然景色优美。唐代诗人曾在此地留下了许多脍炙人口的诗句。"穿花蛱蝶深深见，点水蜻蜓款款飞"，便是诗人杜甫对这里自然景色的描绘。

延续期——元明清时期

元、明、清时期是我国的第三次大一统时期。民族融合进一步加强，中央加强了对边疆地区的管辖，中原人口也开始向北方边疆地区流动。这使得原先相对隔绝的各个民族的节日、节俗开始互相渗透，最后逐步交融在一起。无论是汉族还是少数民族，都继承了过重阳节的传统习俗，并且发展出新的特色。

| 《明蓝瑛华岳高秋图》 |

衰落期——近代时期

进入民国以后，先是军阀混战，然后是日本帝国主义发动侵华战争，生灵涂炭，再加上自然灾害的侵扰，人们已无心欢度重阳等佳节。1949 年，中华人民共和国成立后，我国普遍采用西方的公历纪年，加之我国重视革命传统和共产主义思想教育，因而突出了"五一""七一""八一""十一"等节日，而一些古老的传统节日被排除在法定假日之外，但是过元宵节、重阳节的习俗仍然在民间流传着。20 世纪 80 年代，随着我国改革开放的不断深入，人们对重阳节又开始重视起来，并努力发掘重阳节所包含的传统文化价值和社会价值，从此，重阳节进入了复兴期。

重阳的寄托

｜重阳的寄托｜

中国的每一个传统节日都有着丰富的内涵，体现了传统的道德观念。重阳节也不例外，它被中国人民赋予了种种精神寄托。

求　寿

在重阳节俗中，"求寿"的寄托最为突出，重阳节的主要活动都是围绕这个主题展开的。人生譬如朝露，人们恐惧生命的短暂，在民间以求长生的仙道广为流行，重阳节的习俗明显受到道教文化的影响。

中国古人广泛追求福、禄、寿，以期人生圆满。传说在天界中存在着福、禄、寿三神，或称"三星"。他们代表着福运、官禄、长寿，并成为最受人们欢迎的神

｜汉千秋万岁瓦当｜

仙。自古以来，又有"五福寿为先"的说法。所谓"五福"："一曰寿，二曰富，三曰康宁，四曰攸好德（即行善事），五曰考终命（即得善终）。"还有一种说法，"五福"是指"寿、富、贵、安乐、子孙众多"。这样看来，人们首先追求的便是长寿。重阳节中，民俗文化的

| 寿星 |

构成表明人们对生的渴求，于是在心理上便产生了某种崇拜。

1. 寿星崇拜

寿星是角、亢二宿，是二十八宿中东方苍龙七宿中的头二宿。时至今日，寿星的"神味儿"已经很淡，"人味儿"却很浓。他或被挂在墙上，或立在案头，或画在寿品盒上。他的模样也逗人发笑，身量不高，背弯腰弓，一手拄着龙头拐杖，一手托着仙桃，慈眉善目，笑逐颜开，白须飘逸，长过腰际，最突出的特点是凸出的大脑门儿。在人们的眼中，他根本不是什么"神"，而是一位慈祥和善的长者，一种吉祥的象征。

还有一位漂亮的女寿星——麻姑。"麻姑献寿"

是民俗年画中重要的题材之一。

正是由于对寿星的崇拜，后世又称重阳为"祝寿节""老人节"。

2. 九九升仙

有人也把农历九月初九说成是凡人得道升仙的日子。

对于普通百姓而言，阳九的转化意味着生命的结束，所以要登高去寻求庇护。对于求仙的人来说，阳九正是脱胎换骨的好契机，因为道教认为仙人是"长生不死"的，把阳九带来的毁灭解释成尸解升天，即仙人抛弃肉体，飞升上天。这种解释是为了维护人们对于"长生不死"神仙的信仰。

尽管"长生不死""羽化升天"之类的说法是荒诞的，但是重阳求寿的说法并

| 麻姑献寿 |

非全无是处。从季节上看，农历九月时，暑热已过，寒秋即临，百花大多残败，树叶开始凋零，清阳之气逐渐消失，肃杀之气渐渐逼人，给人一种凄凉的感觉。为了避免邪气入身，人们经常开展登高这种健身活动，这样，"求寿"也就构成了重阳节的基础。

辟 邪

为了求寿而辟邪消灾是人们的普遍心理。重阳辟邪的出处是什么？古籍中说得并不清楚。它很可能出自古代的祭祀仪式，后来，随着生产力的不断进步，九月祭

| 喝菊花酒 |

火的仪式虽已衰亡，但人们对九月因阳气的衰减而引起的自然物候变化仍然有着特殊的感受，登高避邪的习俗便传承了下来。但世人对此已有了新的解释，人们将秋尝、秋社等丰年祭的因素加入重阳节俗之中，使重阳由原来的登高、避灾、辟邪演变为登高、祈寿、祈福。

重阳节时为了辟邪，人们除了登高、插茱萸、饮菊花酒等活动外，有些地方在农历九月初九这天要将家畜赶至野外，不能关在圈里。这一习俗很可能与东汉时期九月初九桓景家的家畜暴死的传说有关联。桓景斩除瘟魔时，忘了将家畜撤走，导致家畜关在圈里而暴死，后来人们为了保护家畜，在农历九月初九这天就将其放牧

于野外，以免招来灾难。还有，此时的庄稼已经成熟，野牧家畜可以捡食一些被丢弃的粮食。

重阳和端午有很多相同之处。端午又名"端阳"或"重五"，在名称上就与重阳、重九有相同之处。古人认为端阳是瘟鬼、五毒大量出现的一天，而重阳则是瘟鬼、五鬼集中出现的一天。民间有句谚语说："五月五日天中节，诸虫百毒门外歇；若要进门来，过了重阳节。"既然"瘟""毒"的出现、回归与这两个节日直接相关，那么避瘟驱毒的举措便有许多相似之处，只是在方式、方法上略有变化。端午是临水，重阳是登高；端午是饮雄黄酒、佩艾叶、吃粽子，重阳是饮菊花酒、插茱萸、吃重阳糕。

总之，趋吉辟邪，特别是为了维系生命，一直都是人们的普遍心理。为了生存，智慧的人们总要想出种种办法来祓除种种危害生命安全的因素。重阳辟邪就是为了逃避"天道"给人类带来的灾祸和死亡而设立的，它的出现有利于古人在心理上找到寄托，获取某种精神力量，从而战胜可能出现的某些灾难。

寻 根

中华民族是一个热爱祖国、热爱家乡、尊敬祖先的民族，特别讲究慎终追远、寻根问祖。慎终追远是指在居父母丧时要遵守礼法，祭祀祖先要虔诚。重阳节就是人们慎终追远的节日之一。

1. 祭奠炎帝、黄帝

中国人为了弘扬中华民族传统文化，增强民族的凝聚力，开创美好的未来，每年在清明节和重阳节都要举行祭祀黄帝轩辕氏和炎帝神农氏的活动。

陕西黄陵县有一座传说中的黄帝陵，沮水环山而过，山上山下风景如画，古柏参天，郁郁苍苍。高大雄伟的黄帝陵所在的桥山脚下有一座古朴庄严的黄帝庙。庙的正殿门上悬挂着一块醒目的匾额，上书"人文初祖"四个大字。如今，每逢清明节和重阳节，人们都怀着景仰和怀念之情，不辞万里，到此祭奠这位为中华后世创造出灿烂文明的先祖。因为农历九月初九相传是黄帝乘龙升天辞世的日子，所以每年都要举行大规模的祭奠活动。

祭奠黄帝陵分为公祭和

黄帝陵

民祭两种。历史上，每年的农历九月初九清晨，宜君、洛川、富县和中部县（今黄陵县）四县的百姓全家出动，扶老携幼，抬着祭品，从四面八方汇集在桥山脚下，络绎不绝地上山祭祀。黄帝陵前的祭祀仪式的程序一般为：人们跪拜供奉，上香烧纸，洒酒祭奠，然后绕陵一周，掰花馍置于陵上。整个仪式呈现出一派古朴虔敬的景象。1988 年，黄陵县人民政府重新恢复了已中断多年的重阳节民间祭祀活动。

在祭奠黄帝的同时，人们也会祭奠炎帝。炎帝灵寝所在地的湖南株洲市也在重阳之日举行盛大的炎帝陵祭祖大典。1993 年，湖南省人民政府恢复了公祭炎帝陵的活动，每三年举行一次祭祖大典，谒陵扫墓，寻根问祖。

2. 祭祀妈祖

沿海地区和海外华人在过重阳节时还祭祀海上的保护神——妈祖，因为农历九月初九是妈祖羽化升天的忌日。海外的华侨、华人以及港澳台同胞往往以此来寻根，与中国大陆沿海地区的民众一起举行隆重的祭祀妈祖的盛会。

妈祖，又称"天妃""天后"，传说当人们在海上遇到困难时，只要叫声"妈祖保佑"，妈祖就会闻声而至，使人们逢凶化吉，遇难呈祥。从宋朝到清朝的几百年间，历代帝王都对妈祖的"圣迹"予以褒奖，对其册封多达40余次，封号累计竟有五六十字，林默的爵位从夫人到妃、

| 澳门妈祖阁 |

天妃、圣妃，一直高升至天后，因此，人们尊称她为"天后圣母"。祭礼也由民间祭祀逐渐升级为朝廷派大臣拜祭，并载入历代国家祀典。此外妈祖还漂洋过海，受到美国、日本、新加坡、印尼、马来西亚、菲律宾、泰国、越南、缅甸等20多个国家的人们的供奉。如今，世界各地的妈祖庙已有4000多座。妈祖尤其受到我国台湾、香港、澳门地区人们的崇拜。据统计，全球的妈祖信徒有一亿以上。

澳门的得名也与妈祖有关。早在明朝的时候，澳门便建了妈祖庙，距今已有500多年的历史。400多年前，葡萄牙人第一次来到澳门，在妈祖阁前的海岸登陆，问当地居民这里叫什么，当地人误以为他们是问庙宇的名字，便回答说"妈阁"，葡萄牙人便根据发音，将其译为"Macau"，这便成了澳门的名称，英语根据葡文拼写为"Macao"。虽然这是历史上的一次误会，但是也可以说明妈祖阁在澳门人心目中的重要地位。

祭祀妈祖有两种形式：一种是固定的祭祀，即在农历三月二十三日妈祖诞辰和农历九月初九逝世日这两天举行隆重的祭祀活动。一种是不固定的祭祀，即渔民对妈祖的祈求，或者是遇到海难、求子、求雨时等临时性的祭祀活动。

定期祭祀海神是在妈祖庙进行的，过去有许多隆重的祭祀活动。北京中国历史博物馆收藏的清代画册《天后宫过会图》，就是描绘清代天津地区祭祀海神娘娘盛会的写照，其中绘有几十种民间文娱活动，说明文字数万字，是反映妈祖庙会中民间文艺盛况的集

| 泉州九日山南宋祈风石刻 |

大成者。

妈祖崇拜说明中华民族是血脉相通、文化同根的，是割不断、分不开的。妈祖作为滨海居民的精神寄托、作为维系民族情感的纽带，在当下仍然发挥着巨大的影响力，成为人们心目中善良、博爱、和平、安宁和吉祥的象征。

3. 祭扫祖墓

与世界上很多国家、很多民族一样，中国人在很早的时候，就有"祖先崇拜"的观念。中国人除了在清明节、中元节（农历七月十五）、下元节（农历十月十五）祭祖扫墓外，有一些地方的百姓还利用重阳登山的机会，祭扫自己的祖坟。福建莆田地区的人们对重阳祭祖甚至比清明节时还

要重视，当地自古以来就有"三月小清明，重九大清明"的说法。福州百姓过重阳节也有祭祖坟的活动，与清明节的祭祖坟合称"春秋二祭"。

尝 新

重阳时节，秋收已经完成，面对着秋意弥漫的原野、五谷飘香的场院，人们喜笑颜开，回味着之前的辛苦劳作，内心充满了自豪感、幸福感和成就感，于是就想尝尝新。在九月初庄稼成熟之际，人们选择农历九月初九这一天举行尝新活动，后来就渐渐成了一种习俗。

人们还称重阳节为"尝秋节"，往往直言"尝秋"为"啃秋"。尝秋节所食之物都是新秋初熟之品：肥嫩的秋鸭、五香的秋鹅、绯红

的秋果、滴翠的秋蔬……摆满了人们的餐桌。人们尽情地欢歌，与天地同乐，与山水同乐，与五谷同乐，与人寿年丰同乐。

尝新、尝秋是为了庆丰收。这样看来重阳节实际上是我国农民喜庆丰收的一个

|《点石斋画报》之《九重高拱》|

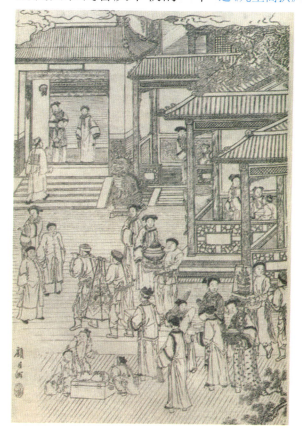

31

节日。

辞　青

重阳正值暮秋时节，处于寒露与霜降之间，此时在蒙古高原形成的冬季风开始自北向南侵袭，气候明显转凉，寒风乍起，草木黄落，人们明显地感受到九月的秋寒。这时长江流域又常常伴随着风雨，民间将其称为"重阳信"。所谓"重阳信"，即立秋后的第一个寒信。南京地区流传着这样的俗谚："吃了重阳糕，夏衣就打包。"重阳节在人们的生活中成了夏冬交接的时间界标。

如果说上巳、寒食是人们度过漫长冬季后外出畅游的节日，那么重阳大约就是在新寒将至，人们即将隐居前的具有仪式感的秋游。因此，民俗有"上巳踏青""重阳辞青"的说法。

儒家思想长期以来一直是中国传统文化中的主流思想，对中华民族思想品德的形成产生了重大影响。人们形成了一种向往长寿、平安、吉祥的民族心理，重阳节的诸多风俗正是人们美好愿望的寄托，奏响了平安、吉祥的乐章。

重阳的习俗

| 重阳的习俗 |

习俗是几千年来形成的许多风俗习惯，涵盖民居、节俗、嫁娶、丧葬等多个方面。重阳的习俗是中国风俗文化园里的瑰宝。

登高野宴

登高野宴是重阳节最具代表性的习俗，也可以说是重阳习俗的核心，故重阳节又叫"登高节"。

首先，顾名思义，"登高"就是去高处登临，有"步步高升"之义。这是旧时人们非常重视登高的原因所在。登高活动还特别受到老年人的重视，这是因为"高"有"高寿"的意思，因此人们认为"登高"可以长寿。

| 登高望远 |

在古代的民俗观念中，天是至高无上的。古人认为，人越向上攀登便与天越近，就越有可能得到天神的庇佑。此外，在高山上人们还可以得到令人长寿的药材、泉水，甚至由此可以飞升天仙，长生不死。

其次，根据传承下来的习俗，重阳登高是为了躲避灾祸，但是登高为什么能避祸呢？

重阳时节，天气初寒，人们不仅在肃杀的秋风中感受到了季节的冷暖变化，而且难以适应夏冬时气的升降，容易感染时疾。因此，重阳时节在古代被视为危险的时期。在古代，神秘的阴阳观念占支配地位，九九重阳意味着阳数的极盛，凡事盛极必衰。人们认为重九之日，地气上升，天地之气交接，人在此时最容易接触不正之气。因此，九九重阳之日，为了避免接触不正之气，人们就以出外登高野游的方式，脱离有可能发生灾祸的日常时空，这倒是一个比较合理的解释。

还有一种说法认为，重阳登高可能源于古人对山神的崇拜，以为山神能使人免除灾害。至于山神是谁，有着各种各样的说法，并没有确指。于是人们就展开想象，如果山中的野兽能成仙的话，就成了山神。在民间，狐狸、黄鼠狼、刺猬、獾、蛇都是被崇拜的对象，被认为是灵善动物。它们既可以为人们造福，也可能会给人们带来灾祸，人们对其感到又敬又怕，恭而敬之，敬而远之。黄鼠狼、狐狸等野生动物是家禽的大敌，在民间传说中，它们常常化身为鬼怪害人，有些地方就有祭祀黄仙（黄鼠狼所变）、胡仙（狐狸所变）的风俗。说它们是"仙"，其实是动物的人格化，人们祭祀它们本质上是一种讨好行为，乞求能以此保平安。

关于重阳登高的原因，还有另外一种说法：重阳时节，秋收已经完毕，农事相对比较空闲，这时山野里的野果、药材之类又正是成熟的季节，人们便纷纷上山采集野果、药材等，人们管这种上山采集的活动叫作"小秋收"。

重阳节不仅有登高的习俗，还有重九设宴的传统。汉献帝曾在重阳节赐宴群臣，晋代征西大将军桓温曾于某年的重阳节在龙山上大

| 登高远眺 |

37

摆筵席。因此，重阳节也是举办宴会享乐的节日。随着人们文化意识的变化，重阳登高活动也经历了从实际践履郊野的登高到象征性的仪式，从人们共享的避忌登高到文人、市民的娱乐登高的历史变化。重阳节由登临高山到宴会于台榭，由远足之劳到口腹之乐，重阳节俗由动趋静，由神圣转向世俗，表现了中国传统节俗的演变。

从古至今，留下了许多重阳登高宴饮的佳话，其中为人所津津乐道的有以下两则故事：

孟嘉落帽　孟嘉是江夏鄳县（在今河南罗山）人，是大诗人陶渊明的外祖父，以高尚的情操闻名于世。晋朝永和年间，他曾在征西大将军桓温幕下任参军之职，深得桓温的器重。有一年的农历九月初九，大将军桓温邀集宾客幕僚游览龙山，在山顶上大摆筵席，出席重阳节宴的人都穿戴整齐，杯盏相酬，赋诗唱和。突然间吹来一阵大风，孟嘉头上的帽子被吹落在地，这时孟嘉已有几分醉意，只顾着观赏美景，竟浑然不觉帽子已不在头上。按照古代礼仪，在公众场合，士大夫的帽子是不能脱掉的，脱帽意味着屈服于人或自认有罪。因此，桓温给左右的人使了个眼色，让他们不要告诉孟嘉。后来孟嘉去上厕所，桓温让人把帽子捡起来放到孟嘉的座位上，并让在座的孙盛写文章调侃他。孙盛也是很著名的文人，当时在桓温手下任咨议参军。没料到孟嘉虽已酒醉，但神志不乱，依旧文思敏捷，回来后拿起孙盛的文章草草一看，立刻提起笔来"回敬"了一篇文章，满座的人读了他的文章后，都赞叹不已。于是，孟嘉沉着儒雅地挽回了这一尴尬的局面。

此事在当时和后世一直传为美谈，成为重阳登高的典故。人们常用"龙山落帽""孟嘉落帽"或怀古，或赞人，或抒情。如李白的《九日》诗云："落帽醉山月，空歌怀友生。"

滕王阁盛会　江西南昌，唐代时称洪州。唐显庆四年（659年），太宗之弟、滕王李元婴都督在洪州修建一高阁，以其封号命名为滕王阁。上元二年（675年）

| 《龙山落帽画》（作者：清·任伯年）|

农历九月初九，重修滕王阁后，洪州都督阎伯玙在此大宴宾客，原本打算由其女婿撰写阁序，以向客人显示他的才华。年轻的才子王勃去

交趾（今越南河内一带）探望他的父亲，恰好路过此地，也应邀出席。

王勃，字子安，古绛州龙门（今山西河津）人，是初唐诗坛上的"四杰"之一。王勃六岁时就能写文章，人称"神童"，十六岁时就应幽素科试及第，被高宗册封为朝散郎，做沛王府修撰。

滕王阁在章江门城上，危楼高耸，下临赣江，远览山川，俯瞰城府，是登高游览的胜地。王勃躬逢盛会，虽位列末席，但登楼远眺，见江南美景尽收眼底，也不免心旷神怡。酒过三巡，菜过五味，阎都督徐徐站起，说道："今日盛会，正值重阳，诸位都是文坛大家，难得一聚。本都督特意准备好了笔墨，请各位高朋题词，

以助酒兴，也为滕王阁增添光彩。"

当地的文人墨客知道都督是想推举自己的女婿，所以都谦辞说自己才疏学浅，不敢贻笑大方。轮到末席年少气盛的王勃时，他不知道内情，竟然毫不客套，欣然受命。阎都督心中甚是不快，怒起更衣。他嘱咐手下的人注意王勃的创作情况，及时向他禀报。一会儿，有人来报，王勃下笔了，头两句写的是"南昌故郡，洪都新府"，阎都督捻着胡须，不屑一顾地说道："此老生常谈耳。"话音未落，又有人报，紧接着写的是"星分翼轸，地接衡庐"，阎都督呷了口茶，不表态度。这时的王勃在酒酣的冲动下和热闹的氛围中，思绪遄飞。他将洪州的

典故、宴酣的盛况、自己的感受，都随着笔端泻于纸上。当有人报知写到"落霞与孤鹜齐飞，秋水共长天一色"时，阎都督再也按捺不住了，脱口而出："此真天才，当垂不朽矣。"这两句确实非常优美，"秋水"与"长天"一色，青青蒙蒙，融为一体，十分壮阔；"落霞"自高而低，"孤鹜"凌空而飞，这使得静态的背景中，又融进了动态的画面，绚丽的晚霞又为整个画面染上了暖色，更增添了美感。

王勃的《滕王阁序》"顷刻而就"，满座大惊。当得知这位青年就是当代才子王勃时，人们纷纷围上前来，争相目睹他的风采。此时此刻，阎都督的女婿也不敢拿出早已准备好的"佳作"来了。

王勃的文章不但为滕王阁增添了光彩，还把重阳宴会推向了高潮。阎都督十分高兴，忙请王勃入座贵宾席。宴后辞别时，还特意赠给王勃上百匹细绢。王勃从此一举名震文坛，此次宴饮也因此段佳话而名垂青史。

滕王阁的规模历代不同，历经1300多年，屡建屡毁，兴毁达29次之多。滕王阁主体建筑共9层，高57.5米，濒临南浦，面对西山，视野开阔。主体建筑为宋式仿木结构，碧瓦丹柱，雕梁飞檐，气势雄伟。南昌的滕王阁与湖南洞庭湖畔的岳阳楼、湖北武昌的黄鹤楼和山东蓬莱的蓬莱阁并称"中国四大名楼"，都是登高望远的胜地。

把酒赏菊

饮菊花酒、赏菊都是重阳节传统的用来辟邪的民俗活动。菊花在秋季九月间盛开，九月又被称为"菊月"；菊花还是传统的中草药，人们把它作为重阳节的辟邪之物。从古至今，菊花始终是重阳节不可或缺的元素，越到深秋季节，菊花开得越发茂盛、鲜艳，给秋风萧瑟的园林增添了一番景色。所以，人们又称重阳为"菊节"或"金节"。

菊花是我国的十大名花之一，在我国至少有三千年的栽培历史。菊是应时的花草，它在重阳节前后开花，故又称"节花"。中国人自古就爱菊花，把它和兰、梅、竹一起称为"花中四君子"。将菊花与农历九月初九联系

|《菊花图》（作者：清·张同曾）|

在一起，成为节令物品始见于汉代。从此以后，真可谓无菊不成重阳了。

1. 赏菊

赏菊是人与自然的交流，赏菊可以陶冶人的情操。菊花美丽多姿，品格高洁，不与桃李争春，不与荷花比美，不与牡丹斗艳，不与兰花竞幽。它"宁可抱香枝上老，不随黄叶舞秋风"。历来被看作"花中君子"，所以自古以来，文人墨客都爱赏菊、颂菊。

尽管赏菊之风早就流行了，但后世总是把重阳节赏菊、饮菊花酒与大诗人陶渊明联系起来。陶渊明，字元亮，又名潜，浔阳柴桑（今江西九江）人，他是中国第一位田园诗人，被称为"古今隐逸诗人之宗"。"秋菊""东篱""渊明""靖节""南山"这些出现在陶渊明诗歌中的意象也频繁地出现在后世的创作之中。而菊花也因此有了"陶菊""彭泽菊"的雅称，"东篱"成了菊圃的代称。

陶渊明有赏菊之癖，又嗜酒如命，无日不饮，可是因为家贫，时常缺酒。他的朋友颜延之看到他生活拮据，便给他送了一些钱。陶渊明担心家里用于别的开销，把这些钱全都存放在一家酒馆内，天天买酒喝。有一年重阳节，正是菊花盛开的时候，陶渊明在篱边赏菊，无酒可喝，遗憾不能一醉方休。他只得采了一把菊花拿在手里，嗅一嗅、嚼一嚼来排遣心中的怅然之情。然而，菊花并不能代酒，正在他感

《黄巢起义图》

到百无聊赖之时，忽然来了一个白衣使者，原来是江州刺史王弘差人给他送酒来了。陶渊明欣喜若狂，当即打开酒瓮，面对菊花开怀畅饮，喝了个酩酊大醉。这个"白衣送酒"的典故不仅充满了人情味，也显示出授受双方那种纯洁无私的友情。此后，历代诗人词家一到重阳有所吟咏，总免不了把陶公、白衣吟诵一番，而东篱黄菊也就成为重阳景色的另一个点缀了。

2. 簪菊

古代的重阳节，无论是贵戚还是庶民，男子还是女子，在这一天都要在发髻上插菊花，叫作"簪菊"，或者"佩菊"。

唐末的农民起义领袖黄巢去长安参加进士科的考试

时，因为他既没有门路，又是贩私盐出身，人们都瞧不起他，几次都没有考中。从长安归来，他作了一首《菊花》来发泄心中的愤懑不平之情：

待到秋来九月八，我花开后百花杀。

冲天香阵透长安，满城尽带黄金甲。

诗中虽然透露出造反英雄的豪气，但实际上也反映了唐代重阳节时，男女老少都有簪菊花的风俗习惯。

佩插茱萸

这一习俗大约起源于晋代。民间认为农历九月初九是多灾多难的逢凶之日，因此民间流传在重阳节插茱萸可以辟邪一说。这与端午节

| 茱萸 |

的插菖蒲、艾蒿有异曲同工之妙。古代重阳节插茱萸的这一风俗主要是鉴于茱萸有以下三种功效：一是开花后花的颜色鲜艳，给人以视觉上的美感；二是香味浓烈，能给人以嗅觉上的刺激；三是药用价值，茱萸浑身是宝，除了花、果外，叶子也能治病。

在重阳节俗的流传过程中，茱萸又被人们赋予了人文价值，就是可以用来辟邪。

为了达到辟邪的目的，重阳节时，人们采取了多种多样的方式，主要有佩茱萸、插茱萸和食茱萸等。近代以来，佩茱萸和插茱萸的情景越来越少见了。

重阳食糕

重阳糕是重阳节的传统食品，它同样是"登高"谐音的民俗表达。古代中国以农立国，到了重阳节前后，秋收完毕，为了欢庆丰收，家家户户都要做一些米糕、面饼、豆子馍之类的食物以馈赠亲朋好友。在重阳节的前两天，人们纷纷发面蒸糕，糕上插着彩色的小旗，点缀着石榴籽、栗子、银杏、松子仁等果实，或者做成狮子、蛮王的形状置于糕上，名为"狮蛮栗糕"。发面的重阳糕如今称为"发糕"，吃起

| 卖重阳糕 |

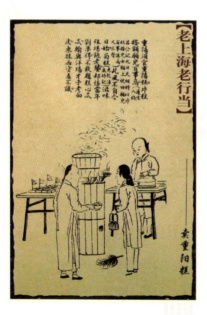

46

来松甜软糯，十分美味，已成为人们的日常食品。重阳节俗一形成，糕类自然成了节令食品。

后人为了附会重阳花糕的起源，流传有两个传说。

第一个传说是：刘裕篡晋之前，有一年在彭城过重阳，一时兴起，便登上了项羽戏马台。等他即位称帝后，便规定每年的农历九月初九为骑马射箭、校阅军队的日子。据传，后世流行的重阳糕就是当年发给士兵的干粮。

第二个传说流传于陕西一带：明朝弘治年间状元康海，字德涵，号对山，是陕西武功人。他参加乡试后，卧病长安，八月下旨放榜，他考中了举人，报喜的报子日夜兼程，将此喜讯送到武功，但此时康海尚未抵家。由于家里没有人打发赏钱，报子不肯走，一定要等到康海回来。等康海病好后回到家里时，已经是重阳节了。他给了报子一些赏钱，并蒸了一锅糕给报子作回程的干粮，又多蒸了一些糕分给左邻右舍。因为这糕是用来庆祝康海中举的，所以后来有子弟进学的人家，也在重阳节蒸糕分发，想以此讨一个好兆头。重阳节吃糕的习俗就这样传开了。

无论是古代还是现代，人们都期盼生活顺遂、步步高升。糕在汉语中谐音"高"，"糕"就成了生长、向上、进步、高升的象征，于是"糕"便成了节日里必不可少的美食。从食饵到食糕，看起来似乎只是字面上的变动，实际上却隐含着重大的社会变迁。

纸鸢飞天

风筝，南方称"纸鹞"，北方称"纸鸢"，已有两千多年的历史。在中国的传统文化中，放风筝被人们赋予了许多含义，主要体现在两个方面，一个是"送吉祥"，一个是"放晦气"。

传统的中国风筝上可以见到寓意吉祥的图案。这些图案反映了人们对美好生活的向往和追求。寓意着吉祥的图案内容丰富，大体上有"求福""长寿""喜庆""吉祥"等类型。

"放晦气"又称"放公灾"。所谓放晦气，就是放飞者把自己的不幸、烦恼和灾难写在风筝上，等到风筝飞到高空后有意扯断或剪断风筝线，让风筝飘走，这样也就把"晦气"放走了。风筝飞得越高越远，则"晦气"也随之高飞了。

| 放风筝 |

重阳的文学

| 重阳的文学 |

重阳节俗的形成经过了漫长的历史过程,并在发展过程中潜移默化地渗透到了人们的日常生活之中。它对于不同历史时期人们的生活方式、心理特征、思维习惯、审美情趣和价值观念有一定的影响。它也渗透到了文学领域之中,丰富了诗歌、词曲、戏剧、小说等多种文学样式的创作,形成了具有鲜明特色的重阳文学。

重阳诗

1. 六朝重阳诗

从魏晋南北朝时期开始,兴起了以节俗入诗的风气。随着节日文化的产生和发展,中国传统节日文学也在不断发展,逐渐成为节日文化不可或缺的一部分。在《先秦汉魏南北朝诗》中,共有九日重阳诗 25 首。其中写作时间最早的是陶渊明的两首诗,其余的都是南北朝时期的作品。

陶渊明在《九日闲居》的诗序中写道:"余闲居,爱重九之名。"他在诗中写道:"举俗爱其名。"可见晋朝时文人和普通百姓认定重阳节为佳节,这是因为"重九"的名称满足了人们祈求长寿的美好愿望。

2. 唐代重阳诗

唐代是重阳诗真正成熟和流行的时期。由于各种主题的深化和拓展、世俗风情的日渐丰富，使重阳诗的创作登上了顶峰。《全唐诗》中与节日相关的诗歌就有1600多首，其中数量最多的是重阳诗，有360多首，排在第一位。

登高诗　吟咏重阳节登高的诗作应以杜甫为最，其思想境界和艺术造诣都远在一般登高诗作之上。如大历二年（767年）杜甫写下了有名的七律《登高》：

风急天高猿啸哀，渚清沙白鸟飞回。

无边落木萧萧下，不尽长江滚滚来。

万里悲秋常作客，百年多病独登台。

艰难苦恨繁霜鬓，潦倒新停浊酒杯。

诗的前半部分写景，刻画眼前具体景物的形、声、色、态，着重渲染秋天滚滚长江边萧瑟的气氛。后半部分抒情，倾诉了诗人晚年的羁旅之思、怀乡之情、垂暮之叹、衰鬓之怨以及家国之恨。诗风慷慨激越，动人心弦。在艺术表现形式上，句句自然工整，不见雕琢痕迹，句法交错，句意相连，密针

| 杜甫像 |

走线，丝丝入扣，景中含情，情中见景，极具功力。

咏菊诗　唐代重阳诗中最为突出的一个意象就是菊花，内涵最为丰富的一个意象也是菊花。在 360 多首唐代重阳诗中，单单菊花这一种意象就差不多出现了近 300 处。这些诗歌给人的感受各不相同，有的悲壮，有的振奋，有的心胸宽广。

唐末农民起义领袖黄巢在儿时就曾为菊花赋了一首诗。据记载，黄巢五岁时，作《题菊花》诗曰："飒飒西风满院栽，蕊寒香冷蝶难来。他年我若为青帝，报与桃花一处开。"后人认为，这首诗恰巧反映出了黄巢想要推翻大唐王朝的抱负和决心。这样品评诗作固然有失偏颇，但该诗确实完全脱离

| 插茱萸 |

了同类作品的窠臼，透露出一种宽广的胸襟和磅礴的气势，表现出极高的思想境界和全新的艺术风格。

茱萸诗　唐代文人也乐于将"茱萸"入诗，文坛才子刘禹锡曾说："（唐）诗中用茱萸字者凡三人。杜甫云'醉把茱萸仔细看'，王维云'遍插茱萸少一人'，朱放云'学他年少插茱萸'，三君所用，杜公为优。"当然，

不是说写"茱萸"的诗仅此三人。据统计，在唐代360多首重阳诗中，以茱萸入诗的多达55处，列菊花（294处）、登高（103处）之后，排在第三位。

唐代重阳诗是民俗与诗歌碰撞出的智慧火花，它炽热的温度和耀眼的光亮，给后人以深深的启迪和艺术的享受。

重阳词

节日民俗物象入词，扩大了词创作的题材和内容，使宋词展现出宋人丰富多彩的民俗生活画面，散发出浓郁的生活气息，并增添了浪漫主义的光环。与重阳诗不同，重阳词多以一己节日活动为中心来抒发个体的情思与意趣。

重阳节是聚会团圆的好日子，人们如若未能遂愿，难免会有伤时感怀的情绪。譬如女词人李清照有一首著名的重阳词《醉花阴·九日》：

薄雾浓云愁永昼，瑞脑

| 李清照 |

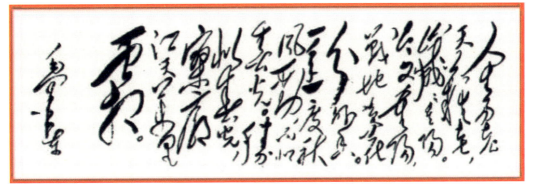

消金兽。佳节又重阳，玉枕纱厨，半夜凉初透。

东篱把酒黄昏后，有暗香盈袖。莫道不销魂，帘卷西风，人比黄花瘦。

时逢重阳，女词人在这首词中再现了独守闺房、寂寞难抒，以及把酒黄昏、赏花东篱等诸多真实的生活场景，表达了佳节思亲的人之常情。"人比黄花瘦"一句是全词精神集中表现的地方。

毛泽东在 1929 年写了一首《采桑子·重阳》：

人生易老天难老，岁岁重阳。今又重阳，战地黄花分外香。

一年一度秋风劲，不似春光。胜似春光，寥廓江天万里霜。

这首词写在战争年代，描写的是战争时期的生活，着笔于"重阳""黄花""胜似春光"的大好秋色，词句虽短，字数虽少，却气势磅礴，意境深远，充分表达了一位无产阶级革命家的宽广胸怀和恢宏气度。词作以豪迈的气势、壮阔的意境激励人们坚韧不拔、昂然奋进，使人读后产生"胜似春光"的希望和美好憧憬。

重阳曲

以节令习俗入曲，也是元代散曲的重要组成部分，其中咏重阳的作品占有一席之地。这些重阳曲中，有的在曲牌后标明"重九""九日"等题目，有的则在内容中予以体现。

目前所见，最早以重阳入散曲的作家是卢挚。他写有一首《沉醉东风·重九》：

题红叶清流御沟，赏黄花人醉歌楼。天长雁影稀，月落山容瘦，冷清清暮秋时候。衰柳寒蝉一片愁，谁肯教白衣送酒？

"沉醉东风"是双调曲牌名。这首小令描写了重九的景色，表达作者的情思，颇具艺术功力。

元曲四大家之一的马致远写重阳散曲最为有名的是套曲《夜行船·秋思》：

……

［离亭宴煞］蛩吟罢一觉才宁贴，鸡鸣时万事无休歇。何年是彻？看密匝匝蚁排兵，乱纷纷蜂酿蜜，急攘攘蝇争血。裴公绿野堂，陶令白莲社。爱秋来时那些：和露摘黄花，带霜烹紫蟹，煮酒烧红叶。想人生有限杯，浑几个重阳节？人问我顽童记者：便北海探吾来，道东篱醉了也。

"夜行船"是双调常用的套数之一。这支套曲的最后部分与重阳有关。作者向往陶渊明和裴度的生活，他要"归去来"，要隐居林泉。他不肯辜负黄花开、紫蟹肥、红叶艳的秋天。人生是短暂的，酒能喝多少？重阳节能过几次？他要开怀畅饮，尽情陶醉。富贵功名，荣辱是非，管这些做什么！

元代重阳散曲是以重阳节俗入曲，抒写作家的个人情怀，这不仅加强了人们对于重阳节俗的传承，还影响了后世说唱文学的发展。

重阳典故

关于重阳的典故有很多，除了上述的"孟嘉落帽""白衣送酒"之外，还有下面的几则典故：

明日黄花 宋代的苏轼在《九日次韵王巩》中写道："相逢不用忙归去，明日黄花蝶也愁。"意思是说重阳欢聚时不要忙着回家，应尽情观赏菊花，要不过了重阳，菊花也将凋零，连蝴蝶也会

| 《苏轼像》（作者：元·赵孟頫）|

为之发愁。这里的"明日黄花",指的是重阳节后的菊花。古人多习惯于重阳赏菊,把菊花当作重阳节的时令花。重阳节一过,黄花就会凋谢,再赏菊也就没了意义。后来,人们就用"明日黄花"比喻时过境迁或过时的事物。其中蕴含着丰富的历史情感信息和审美信息,因而"明日黄花"是前人留给我们的珍宝,我们不能轻易"折损"了它的美丽。

可是,有些人由于不明白这个成语的来历,以为"明日"是未来之日,怎么能说已经过时了呢?于是在实际使用中便成了"昨日黄花"。不少学者撰文指出这种用法的错误,为"明日黄花"正名。

黄花闺女 人们习惯上用以指处女,又称"黄花女儿"或"黄花姑娘"。关汉卿在《感天动地窦娥冤》杂剧第一折中写道:"(张驴儿云)这歪刺骨!便是黄花女儿,刚刚扯的一把,也不消这等使性,平空的推了我一交,我肯干罢!"为什么把处女比作黄花呢?一般认为这个说法来自南朝宋武帝的女儿寿阳公主的"梅花妆"。寿阳公主曾在人日(正月初七)卧于含章殿的檐下,梅花瓣落在她的眉头上,揭之不去。过了三天,才用水洗掉,但公主的额上却留下了花瓣的印记。宫女们看到后觉得很美,便纷纷效仿,于是就有了"梅花妆"的打扮。后来民间女子也都争着画"梅花妆",但梅花是有季节性的,人们便采集其他花朵来替代它。菊花的黄色花粉最多,制成化妆品,就叫作"花黄"或"额黄",如古乐府《木兰诗》中写道:"当窗理云鬓,对镜贴花黄。"由于梅花妆的粉料是黄色的,而画梅花妆的都是没有出嫁的女子,所以就把未婚少女称作"黄花闺女"。

小说戏剧中的重阳

节俗对小说和戏剧的影响也是很大的。丰富多彩的节日生活自然会成为作家笔下的常见题材。

《聊斋志异》中的《黄英》 清代文言短篇小说大家蒲松龄,在他的《聊斋志异》中有一篇专门讲菊花的小说《黄英》。《黄英》的故事情节是:顺天(今北京)人马子才酷爱菊花。有一次,

他到金陵(今南京)买菊苗,在回家的路上遇到了精通菊艺的美女陶黄英和她的弟弟。姐弟俩是金陵人,准备卜居北方,马子才便邀请他们去自己的家里住。陶氏姐弟到马家后,住在马家南边的荒圃里。他们见马家清贫,便精心艺菊,将马家所丢弃的菊花残枝劣种全都捡回来重栽。不久后菊花长成,就对外出售,他们所培育的菊花都是人们没有见过的奇异品种,人们争相购买,他们很快就发家致富了。

后来,马子才的妻子病故,黄英便嫁给马子才,两人过着恬淡而恩爱的生活。陶弟嗜酒,有一次因为饮酒过量而倒地化为菊花,"高如人,花十余朵,皆大于拳。马骇绝,告黄英。英急往,

拔置地上，曰：'胡醉至此！'"马子才这才明白陶氏姐弟原来是菊花精，便更加敬重他们。

《水浒传》中的菊花会

元末明初施耐庵所著的《水浒传》是我国四大名著之一，在我国文学史上乃至世界文学史上都占有崇高的地位。其中"呼保义一心想招安黑旋风大闹菊花会"这一部分内容描写了梁山好汉于重阳节在山寨大摆筵席，同赏菊花的热闹场景。"不觉日暮，宋江大醉""乘着酒兴，作《满江红》一词""令乐和单唱这首词"，道是：

喜遇重阳，更佳酿今朝新熟。见碧水丹山，黄芦苦竹。头上尽教添白发，鬓边不可无黄菊。愿樽前长叙弟兄情，如金玉。

统豺虎，御边幅，号令明，军威肃。中心愿，平虏

| 清代民间祝寿场景 |

保民安国。日月常悬忠烈胆，风尘障却奸邪目。望天王降诏，早招安，心方足。

这首词引发了一场梁山好汉关于"招安"和"反招安"的激烈辩论。黑旋风李逵反对招安的态度最为激烈，他"睁圆怪眼"，大叫道："招安，招安，招甚鸟安！""只一脚，把桌子踢起，撅做粉碎。"宋江大怒，要处斩李逵，后经众人跪请，改为监禁。这场重阳筵于是不欢而散。

这一回目篇幅虽然不长，但在《水浒传》中却起着重要的承上启下的转折作用，此前是众好汉被逼上梁山，走上"替天行道"之路，聚义梁山，想干一番惊天动地的大事业；此后，是在宋江招安路线的指引下，众英雄被招安，做了朝廷的鹰犬。

《红楼梦》里的菊花诗 曹雪芹所创作的长篇小说《红楼梦》（前八十回）是我国古典文学的杰出代表作之一。它虽然没有直接描写重阳节，但在三十七回和三十八回却写了大观园里的青年男女曾两次结诗社，三十七回是作海棠诗，三十八回"林潇湘魁夺菊花诗"中他们共作了十二首菊花诗，这些诗大多数都是在咏物中写人，表现出不同人物的不同思想性格和精神状态。

在《红楼梦》中，薛宝钗的诗词并不多，前后共八首，但有三首都写到了重阳："谁怜我为黄花瘦，慰语重阳会有期"（《忆菊》）；"莫认东篱闲采掇，粘屏聊以慰重阳"（《画菊》）；"枯霭桐阴坐举觞，长安涎口盼重阳"（《咏菊》）。有学者认为，重阳应当与后半部分佚稿中写薛宝钗的命运和归宿有关。薛宝钗最终是什么归宿呢？如同探春的远嫁可能与清明有关一样，宝钗可能是在宝玉出家后再嫁了。不管此说法能否成立，但是曹雪芹想通过宝钗写重阳的目的是确定无疑的。

重阳话敬老

| 重阳话敬老 |

花开花落、月圆月缺、潮涨潮落、春去春回，大自然的变化应和着人类生命的出现和消失。生与死的问题是任何一个人都必然要面对的问题。

尊老敬老的传统

中国是礼仪之邦，敬老、爱老、助老是中华民族的传统美德，也是中国礼仪之邦的文明标志。

在古代，人们把生活中常见的斑鸠作为尚齿敬老的象征物。斑鸠，上古时简称"鸠"，是常年栖居于我国的一种留鸟。到了汉代，斑

| 汉代画像石上的养老院 |

65

鸠象征尚齿敬老的意义依然未变，但是在具体形式上与先秦时期有所不同。汉代的养老礼不再是向高龄的老人献上斑鸠，而是在献给他的拐杖上雕刻斑鸠的图案，在时间安排上，献上这种礼物的时间由仲春改为仲秋。

汉末魏晋时期重阳节出现后，人们都在老人的寿辰以及重阳节举行敬老活动。届时，往往向家中的老人敬上百寿图，并敬献寿桃。敬献寿桃的习俗可追溯到战国时期。相传孙膑十八岁离开家乡，到千里之外的云濛山拜鬼谷子为师，学习兵法。一去十二年没有回家，也没有给家里写过一封信。有一年，孙膑猛然想起农历九月初九是自己母亲的八十岁生日，便向师傅请假回家看望母亲。鬼谷子从树上摘下一个桃子送给孙膑说："这桃我是不轻易送人的，你在外学艺未能报效母恩，我送给你一个带回去给令堂上寿。"孙膑谢别师傅后便急匆匆地上路了，恰好在家里为母亲大摆寿宴时赶回，献上了桃子，孝敬母亲。老母亲接过桃子吃了一口，说这桃比冰糖和蜂蜜还甜。桃还没吃完，母亲的容颜就变了：以前雪白的头发变成了如墨的青丝，昏花的双眼变得明亮了，掉了的牙齿又重新长了出来，脸上的皱纹也不见了，走路也不用拐杖了。全家人都感到非常高兴，人们听说孙膑的母亲吃了桃子后变年轻了，也想让自己的父母健康长寿，便纷纷效仿孙膑，在父母生日或重阳节的时候，送鲜桃祝寿或敬老。但是鲜桃的季节性比较强，于是人们就在没有鲜桃的季节里，用面粉做成寿桃献给父母拜寿，以表孝道。

老龄化社会问题

中国人口的老龄化问题是从 20 世纪 70 年代末至 80 年代初出现的，随后，人口老龄化进程开始加快。截至 2014 年底，我国 60 岁以上的老年人口已经达到 2.12 亿，而且每年大约以 3% 的速度增长。加强老龄工作已成为社会主义现代化建设和全面建设小康社会的重要组成部分，是一项具有全局性意义的战略任务。

人口老龄化在一定程度上反映了人类生存质量的提高。但是人口老龄化必然会带来巨大的压力和诸多的问题，其中居家养老问题成为主要问题。

| 企业捐赠物品给敬老院 |

居家养老是我国的主要养老模式，是把我国传统的尊老敬老传统与老年人的情感和心理需求结合起来的一种养老模式，适合目前我国养老的现状。同时，随着居家养老的逐步发展，提供居家养老服务也成为有效缓解各地存在的就业压力、扩大就业渠道和促进经济增长的重要途径。为此，居家养老服务成为今后各级老龄工作的重点之一，并应力争尽快在全国城市社区建立居家服务网络；在农村城镇以上地区建成老年福利服务中心，在村委会和自然村建成老年人文化活动和服务站点，支持并完善家庭赡养。但是，目前在组织机构、政策

| 敬老院"春晚"排练忙 |

制度等诸多方面仍存在许多问题，需要政府加大力度，妥善解决。

目前，社会保险制度覆盖了大多数城镇职工和离退休人员，基本建立起了适用于城镇各类企业职工和个体劳动者、资金来源多渠道、保障方式多层次、管理服务社会化的养老保障体系。农村实行以土地保障为基础的"家庭养老为主与社会扶持相结合"的养老保障制度，在家庭养老的基础上，各地创造了养老基地、养老补贴等多种社会扶持形式。

重阳"敬老日"

重阳节在古代就有祈求健康长寿的用意，健康长寿也是老年人最为关切的事，因此重阳节的旨趣逐渐向老年人集中。到了现代，尤其是进入老龄化社会以后，重阳节基本上成了为老年人而过的节日，所以民间也把重阳节称为"老人节"。

中华人民共和国成立后，老龄事业被看成是治国安邦的重要工作之一。我国政府在许多城市建立了社会福利院，集中供养无劳动能力、无生活来源、无赡养人和扶养人的老年人；在乡村实行保吃、保穿、保住、保医、保葬的"五保"制度，以保障农村无劳动能力、无生活来源、无依无靠的老年人的基本生活。1982年，经国务院批准，成立中国老龄问题全国委员会。从此，开始了有组织、有领导、有计划的应对老龄工作。各地方政府都有优待老人的具体政策，以确保老年人的正当权益。1996 年，在地方性老年法规实践的基础上，《中华人民共和国老年人权益保障法》颁布实施，这是我国第一部保障老年人权益的基本法律，它的制定和实施，为依法推进老龄事业的发展和维护老年人的合法权益提供了重要的法律依据。

20 世纪 80 年代以来，随着中国改革开放的深入，人们对重阳节又开始重视起来。从 1988 年开始，全国许多市、县、乡镇也都确定了本地的老人节，开展了多种形式的尊老敬老养老助老活动。之所以定重阳节为敬老日，是因为秋之时序与人生旅程的老年阶段相仿，秋实累累是成熟的标志，正如人到老年一样。

图书在版编目（CIP）数据

重阳节 / 杜尚侠编著. -- 哈尔滨 ： 黑龙江少年儿童出版社，2017.12（2021.8 重印）

（记住乡愁：留给孩子们的中国民俗文化 / 刘魁立主编）

ISBN 978-7-5319-5606-8

Ⅰ．①重⋯ Ⅱ．①杜⋯ Ⅲ．①节日－风俗习惯－中国－青少年读物 Ⅳ．①K892.1-49

中国版本图书馆CIP数据核字(2017)第328143号

记住乡愁——留给孩子们的中国民俗文化　　　　刘魁立◎主编

重阳节　CHONGYANGJIE　　　　　　　　杜尚侠◎编著

出 版 人：商　亮
项目策划：张立新　刘伟波
项目统筹：华　汉
责任编辑：李梦书　顾吉霞
整体设计：文思天纵
责任印制：李　妍　王　刚
出版发行：黑龙江少年儿童出版社
　　　　　（黑龙江省哈尔滨市南岗区宜庆小区8号楼 150090）
网　　址：www.1sbook.com.cn
经　　销：全国新华书店
印　　装：北京一鑫印务有限责任公司
开　　本：787 mm×1092 mm　1/16
印　　张：5
字　　数：50千
书　　号：ISBN 978-7-5319-5606-8
版　　次：2017年12月第1版
印　　次：2021年8月第4次印刷
定　　价：35.00元